AUX HOMMES

DE BONNE FOI

DE

TOUS LES PARTIS

PARIS

IMPRIMERIE SOUSSENS & C[10]

51, RUE DE LILLE, 51

—

1879

DEUX MOTS D'EXPLICATION

Les quelques pages qui vont suivre, n'ont pas la prétention même de former une brochure. Ce sont de simples réflexions qui m'ont semblé pouvoir être utiles au service de notre chère et malheureuse patrie ; et, si j'en doutais, je jetterais tout de suite au panier ce modeste écrit.

Il ne saurait entrer dans ma pensée de soutenir une thèse historique ou de philosophie politique ; je ne cherche pas à remonter le cours des âges pour établir la certitude des principes légitimistes. — La Légitimité est-elle de droit divin ou de droit national ? Je ne l'examine pas. D'abord, d'illustres plumes se sont chargées de ce soin ; ensuite, pour appuyer scientifiquement mon dire, il me faudrait fouiller dans les livres, compulser des manuscrits : je n'ai pas le temps de le faire, et l'aurais-je, que le talent me ferait défaut. Je ne sais pas l'art d'écrire, n'ayant point fait d'études, on le verra bien, ce dont je me console aisément tant j'ai connu de gens qui, pour avoir passé leur jeunesse sur les bancs d'un collège, n'en sont ni plus éclairés ni plus sages. L'essentiel, c'est d'avoir le sens droit et de raisonner juste. Qu'importe le reste ? Il s'agit d'être utile, et rien de plus. — D'ailleurs, est-ce que les premiers apôtres étaient des lettrés ?

Je ne suis donc ni un écrivain, ni un savant; je ne suis pas non plus un gentilhomme, en dépit de la particule jointe au nom postiche qui se trouve au bas de cet écrit, et qui contient tout uniment mon nom véritable et celui de mon humble profession. — Finalement, je n'ai cherché qu'une chose : la Vérité en dehors de tout esprit de parti, et, si je conclus en faveur de la Légitimité, ce n'est pas à moi qu'il faut s'en prendre, mais à la faiblesse de la cause révolutionnaire et surtout à l'excellence du droit royal, que je n'aurais jamais été assez habile à soutenir victorieusement s'il ne reposait sur la Vérité même. Je suis donc intimement convaincu que, devant ma démonstration, tout homme impartial finira par avouer que je l'ai prouvée, cette Vérité, dont notre pauvre France abreuvée d'erreurs depuis plus d'un siècle a tant besoin pour vivre et se relever de ses ruines. Je ne veux pas d'autre récompense.

*** 6 Décembre 1878.

M. DE L.

AUX HOMMES DE BONNE FOI

DE TOUS LES PARTIS

Lorsque l'on considère avec impartialité les évènements qui se sont succédé depuis 89 jusqu'à nos jours, on demeure étonné de voir qu'ils aient produit de si minces résultats et de si grandes déceptions ; mais si l'on examine, en dehors de tout parti pris, la valeur des hommes qui ont présidé à leurs développements, cet étonnement se change en stupeur ; et l'on se demande comment des hommes de la taille de Napoléon Ier, de Louis-Philippe, de Napoléon III, de M. Thiers, sans compter une foule d'hommes d'État, de grands capitaines, d'illustres savants, de brillants poètes, etc., oui, l'on se demande comment, avec tant de génie, tant de talents, tant d'habileté, ces hommes n'ont abouti, après un siècle de travail, qu'à la ruine physique, morale et politique, à la désorganisation du pays qu'ils aimaient avec passion, je n'en doute pas, et qu'ils ont prétendu servir.

Il y a là, évidemment, un phénomène peut-être unique dans l'histoire, un mystère qui paraît impénétrable à la plupart des hommes de notre temps. Et cependant ce mystère serait bientôt éclairci, même pour les intelligences les plus ordinaires, si l'on en faisait tout simplement une question de bon sens, de sens commun, comme on disait autrefois, au lieu de se livrer exclusivement à de brillantes polémiques tendant à faire prévaloir des théories, profondes chez les uns, spécieuses chez les autres, mais qui, toutes, semblent n'être faites que pour les élus de la science et de la philosophie politique. Pour mon compte, je pense que la question peut être réduite à des termes beaucoup plus simples, je le répète, et tout à la portée des humbles et des petits. Je suis de ceux-là, et voilà le raisonnement fort élémentaire que je me suis fait : depuis près d'un siècle, les hommes politiques, même les plus honnêtes et les plus intègres, et certes ils n'ont pas manqué, se sont imaginé qu'il pouvait y avoir deux morales : la morale privée et la morale politique — et cette erreur fondamentale me semble avoir suffi pour frapper de stérilité leur génie et leurs plus louables intentions.

Or, il y a un principe de morale, principe admis par les âmes les plus perverses, parce qu'il est l'essence même de la justice : *ne fais pas à autrui ce que tu ne voudrais pas qu'il te fût fait.* Et ce principe, je ne veux pas savoir si c'est le Christ qui l'a fait connaître aux hommes, car le jour où il a été proclamé, il est devenu le domaine de l'humanité tout entière, et elle ne pourrait le rejeter sans tomber au dernier degré de la barbarie. Ce principe doit donc être la base de la vie politique comme il est celui de la vie sociale, puisqu'il est universel.

Hors de là, il ne pourrait y avoir que ruine et perte finale. Au contraire, avec le respect de cette vérité si simple et si bien faite pour être comprise par l'universalité des hommes, tout devient facile et, par sa pratique, les intelligences, même ordinaires, peuvent faire de grandes choses. Là est donc le Progrès qui doit consister à substituer de plus en plus la force morale à la force matérielle.

Mais avant d'aller plus loin, cherchons l'origine des faits et du mal qui ronge les sociétés modernes, surtout depuis 89. Examinons la Révolution française en dehors de toute préoccupation de parti, et considérons-la dans son principe. Or, quel fut son point de départ? Évidemment ce fut, surtout, un acte de révolte, partant du serment du Jeu de paume pour aboutir à la décapitation du roi Louis XVI. Et si je dis décapitation sans épithète, c'est afin de rester en dehors de toute passion politique et de ne pas sortir, même un instant, du terrain que j'ai choisi, qui est à la portée de tous et accepté par tous : *ne fais pas à autrui ce que tu ne voudrais pas qu'il te fût fait.*

La Révolution française fut un acte de révolte. Ceci est un fait, qui peut être blâmé par les uns, approuvé, glorifié par les autres, mais qui n'est contesté par aucun ; et cela me suffit ; car si la Révolution française fut un acte de révolte, il ne s'agit plus que de savoir comment les partisans de cette révolution pourront s'y prendre pour fonder quelque chose de stable et pour paralyser l'esprit de révolte déchaîné par eux et qui ne peut produire que l'instabilité. Il est évident que lorsqu'une fraction du peuple se révolte et domine, ce n'est que par la force qu'elle peut empêcher une autre fraction de se révolter contre elle à son tour. De manière qu'au lieu de pratiquer la force du droit, qui est celle de la civilisation, on est obligé d'user du droit de la force, qui mène à la barbarie.

Ceci n'est pas de la politique, c'est tout simplement du bon sens et de la justice : on n'a pas le droit d'empêcher autrui de faire ce que l'on a fait soi-même. Et pour démontrer cette vérité d'une manière sensible, il suffit de voir ce que l'on pourrait appeler les cascades révolutionnaires : les Girondins se révoltent contre le Roi, les Jacobins se révoltent contre les Girondins, Bonaparte se révolte contre eux tous, les domine par la puissance de son génie, et lui-même est renversé par la force dont il s'est servi : la force de l'épée. Et tout cela s'est fait au nom de la liberté sans qu'on ait paru s'apercevoir qu'en violant les lois établies, reconnues par tous, par le souverain lui-même, on détruisait la liberté pour établir la loi de quelques-uns, qui ne pouvait enfanter que la servitude. Mais poursuivons.

Enfin, le droit est rétabli. Je n'examine pas davantage, ici, comment il le fut ; si le régime de la Restauration fut meilleur ou pire que les précédents : pour établir la thèse que je soutiens, il me suffit de constater que le régime contre lequel on s'était révolté de 89 à 93 était rétabli, ce qui effaçait la révolte. Mais survint 1830, et la carrière de la révolte fut ouverte une seconde fois.

Ici, comme précédemment, je ne veux pas chercher à prouver si le roi Charles X avait ou n'avait pas fait son devoir ; s'il avait bien ou mal gouverné ; je me contente d'établir ce fait indéniable : que la révolution de 1830 fut un acte de révolte qui devait se trouver sans force morale contre la révolution de 1848, laquelle légitimait virtuellement le coup d'État du 2 Décembre, et le 2 Décembre lui-même justifiait d'avance le 4 Septembre 1870. En effet, si 1830 était légitime, pourquoi 1848 ne l'aurait-il pas été ? Et ainsi de suite. C'est la révolte à l'état indéfini. Est-ce là ce que l'on appelle le Progrès ?

Et comme nous l'avons déjà dit, ce ne sont pas les hommes de valeur qui ont manqué. Car, depuis l'antiquité jusqu'aux temps modernes, on ne peut trouver un plus grand capitaine, un plus grand homme d'État que Napoléon Ier ; on ne peut trouver un homme plus sage, plus prudent, plus habile, et, dans la vie privée, plus honnête que Louis-Philippe ; un homme plus tenace, plus souple, plus insinuant que Napoléon III ; un homme plus extraordinairement doué que M. Thiers et qui aurait été le plus grand homme d'État de notre époque s'il avait pris pour base de sa conduite, non le prétendu droit révolutionnaire, mais le simple précepte de ne pas faire à autrui ce qu'il ne voulait pas que l'on fît contre lui.

Aussi, malgré sa prodigieuse habileté, n'a-t-il pu empêcher les autres de faire ce qu'il avait fait lui-même. Cette vérité est un roc contre lequel tout génie rebelle viendra se briser.

Maintenant, si, après avoir examiné cette vérité, nous scrutons le *dogme* de la souveraineté du peuple, qu'on semble lui opposer, nous verrons qu'il y a là encore contradiction, impossibilité radicale : d'abord parce que cette souveraineté du peuple, qui est celle du nombre, n'est encore que le droit de la force qu'il suffit d'acquérir pour détruire ce que d'autres ont fait par la force ; e ensuite parce que cette souveraineté du peuple est aussi invoquée par trois catégories d'hommes politiques : les Bonapartistes, les Orléanistes et les Républicains de toutes nuances. Seulement les uns veulent l'appliquer au régime héréditaire et les autres au régime électif. Mais il faut convenir que si les derniers sont logiques, les autres, avec leurs prétentions conservatrices, le sont bien peu. En effet, hérédité et souveraineté populaire sont deux choses qui s'excluent, surtout lorsqu'il est de notoriété publique qu'il existe un représentant légitime de l'hérédité, et les partisans des dynasties révolutionnaires violent du même coup le principe électif et le principe héréditaire. En voici la preuve : comment un Bonapartiste et un Orléaniste peuvent-ils établir l'hérédité en vertu de la souveraineté populaire, et pourquoi une génération d'électeurs aurait-elle le droit d'imposer la dynastie de son choix aux électeurs de la génération future ? Maintenant, s'ils donnent eux-mêmes l'exemple de la violation du principe d'hérédité, c'est-à-dire de celui qu'ils veulent imposer, il faut avouer que c'est le comble de l'inconséquence. Je sais bien qu'ils disent, avec raison, qu'une nation ne saurait être la chose d'une famille princière ; mais est-il plus rationnel d'en faire la chose d'une génération aux dépens de celles qui doivent lui succéder ? et ne retombent-ils pas dans cette erreur fondamentale qui consiste à croire que l'on peut faire impunément ce que l'on interdit aux autres ?

Ceci dit, rien n'empêche de reconnaître que la souveraineté du peuple est en accord parfait avec le principe électif ayant pour organe le suffrage universel (1) et pour forme naturelle de gouvernement la République avec toutes ses conséquences.

La République, d'après les idées modernes, est la loi du nombre, ou bien elle n'est rien ; reste à savoir à quelles conséquences la loi du nombre doit logiquement nous conduire.

Qu'est-ce que le nombre ? c'est la masse. Qu'est-ce que la masse ? Le vulgaire. Il s'ensuit que le gouvernement du nombre est celui du vulgaire. — Le vulgaire est souverain. Et il ne servirait de rien de dire que par l'instruction on peut transformer le vulgaire. — Grande

---

(1) Malgré la sorte de discours que nous nous sommes permis de prêter au Roi vers la fin de cet opuscule, nous devons déclarer ici que, à l'exemple du Roi lui-même, nous considérons le suffrage universel comme indestructible, et que s'il ne peut être un instrument de souveraineté, il doit devenir un excellent moyen de contrôle. Mais afin d'en assurer la sincérité, faussée par la mauvaise presse et les sociétés secrètes, son organisation demanderait un ensemble d'institutions, telles que franchises municipales, groupement des intérêts professionnels autour des autorités sociales, etc., etc. Toutefois ceci n'est pas de notre compétence.

erreur : le vulgaire n'est pas moins dans le cabinet du grand industriel ou du lettré, que dans l'échoppe du pauvre et de l'ignorant ; pas moins dans le château que dans la chaumière ; pas moins dans l'hôtel du grand seigneur que dans la mansarde de l'artisan : le vulgaire est de tous les états et de toutes les conditions, aussi bien sous l'habit noir que sous la blouse. Par contre les hommes d'élite sont partout, mais partout ils sont le petit nombre. Ceci est une vérité universelle et de tous les temps. Or, la République reposant sur le nombre, sur la masse qui est le vulgaire, est donc le gouvernement de la médiocrité. Et c'est ce que l'histoire de tous les peuples nous enseigne. C'est une règle sans exceptions ; et pour que la République y échappe et puisse prospérer, il faut qu'elle repose, non sur le nombre, principe de décadence, mais sur les capacités reconnues ou sur les grands intérêts, c'est-à-dire sur la noblesse, les grands propriétaires ou sur les supériorités notoires, autrement dit, l'aristocratie. — Alors c'est une oligarchie ; chose incompatible avec les idées modernes. En matière de République, la Démocratie est seule rationnelle, puisqu'elle représente la puissance du nombre, qui est l'essence même de la République.

D'ailleurs, une oligarchie, où pourrait-on en trouver les éléments ? Et comment s'y prendrait-on pour l'empêcher de suivre la pente irrésistible qui a toujours entraîné, je ne dis pas la République, mais toutes les républiques vers la démocratie ?

Maintenant, si la démocratie, qui est la forme suprême, inévitable de la République, est le gouvernement de l'incapacité, ou mieux encore la négation de tout gouvernement ; si, dis-je, tout cela est incontestable, même abstraction faite du principe de révolte, — abstraction impossible en France, — combien ne sera-ce pas d'une vérité plus éclatante si, à ses vices originels, la République joint encore le vice incurable de la révolte. Car si l'esprit de révolte est un péril pour les monarchies, où, le gouvernement étant concentré sur une seule tête, la résistance est plus facile et plus efficace, l'esprit de révolte est un principe de mort certaine dans une république, puisque là, tout le monde étant appelé à participer au gouvernement, là, plus qu'ailleurs, le principe d'ordre et de soumission, les exemples d'ordre et de soumission sont indispensables, sous peine de tomber dans l'anarchie, précurseur de la barbarie finale. C'est donc là, plus qu'ailleurs, je le répète, qu'il faudrait appliquer notre principe fondamental : *ne fais pas à autrui ce que tu ne voudrais pas qu'il te fût fait.* La République française issue de la révolte devra donc, tôt ou tard, subir les conséquences de son origine. Ceci dit, je n'examine pas non plus si, pour échapper à l'anarchie, les républiques sont obligées de se jeter dans les bras d'un dictateur ; car la dictature, étant le gouvernement plus ou moins violent d'un seul, se trouve être la négation même de la République qui est le gouvernement de tous.

Ici, résumons-nous. Nous avons reconnu : 1° que la République a pour principe la loi du nombre ; que, par conséquent, elle aboutit forcément, infailliblement à l'omnipotence de la médiocrité, c'est-à-dire à un état de décadence qui est la négation du Progrès ; et qu'elle ne peut échapper à cette conséquence inéluctable qu'en établissant, soit l'oligarchie qui est impraticable avec les idées modernes, soit la dictature qui est la négation même de la République, la chose de tous, puisque cette chose de tous devient la chose d'un seul et l'abolition de toute liberté.

C'est, du reste, ce que l'histoire nous enseigne encore invariablement, depuis les temps les plus reculés jusqu'à nos jours.

Nous avons également reconnu, 2°, que l'esprit de révolte ne peut rien fonder, puisqu'un gouvernement établi en vertu de l'esprit de révolte ne pouvait se maintenir que par la force matérielle afin d'empêcher autrui de faire ce qu'il a fait lui-même, ce qui est la négation de toute liberté et de toute justice.

Nous avons reconnu, 3°, que les trois partis qui, depuis près d'un siècle, se disputent le gouvernement de la France : les Républicains, les Bonapartistes et les Orléanistes, ont tous pour origine la Révolution de 89, qui fut par excellence un fait de révolte, de révolte impardonnable, puisqu'elle eut pour victime le roi Louls XVI lui-même, qui avait pris l'initiative de la réforme des abus.

Nous avons reconnu, 4°, que tous les partisans de cette révolution de 89, depuis les plus modérés jusqu'aux plus violents, entraînés par une logique irrésistible, ont voulu que la souveraineté du peuple fût le principe fondamental sur lequel devait exclusivement reposer à l'avenir toute forme de gouvernement.

Nous avons enfin reconnu, 5°, que cette souveraineté du peuple, cette souveraineté du nombre, était incompatible, non-seulement avec tout progrès, mais encore avec le principe d'hérédité, puisque, au nom de cette souveraineté, une génération n'avait pas le droit d'imposer à la génération future une forme quelconque de gouvernement.

Les Bonapartistes et les Orléanistes sont donc condamnés en vertu même du principe qu'ils ont accepté ; il ne reste donc plus que le parti républicain, lequel est condamné virtuellement à l'impuissance radicale.

Nous l'avons encore établi.

Mais si la République, l'Empire et l'Orléanisme ont démontré leur incurable impuissance à fonder quelque chose de raisonnable et de solide, quelque chose qui ne fût pas la négation de cette vérité désormais imprescriptible : *ne fais pas à autrui ce que tu ne voudrais pas qu'il te fût fait ;* si, enfin, les partisans de la Révolution, sous ses trois formes principales, ont démontré, je le répète, leur impuissance radicale à rien fonder après un siècle d'efforts ; si, dis-je, et j'insiste sur ce point, avant de finir, ils sont demeurés sans force morale les uns contre les autres, puisque, ayant une même origine et presque les mêmes vices à se reprocher, le Bonapartiste et l'Orléaniste, tous deux ennemis, ont raison contre le Républicain et celui-ci contre les deux autres, il est de la dernière évidence que tous les trois ensemble et la Révolution qu'ils représentent, sont hors de la raison. Ceci me paraît irréfutable. Mais comme il faut toujours que le droit, la justice et la raison soient quelque part, où donc faut-il chercher le droit de par la justice et la raison, sinon chez Celui qui, en principe, a précédé tous les partis et que tous les partis ont voulu détruire sans avoir jamais pu rien mettre à sa place ? — Eh bien ! quel est celui-là ? Ne l'avez-vous pas déjà nommé ? N'est-ce pas l'Exilé de Frohsdorf, le comte de Chambord, le Roi Henri V, neveu du roi Louis XVI contre lequel se fit la Révolution convaincue désormais d'impuissance et de stérilité. Et n'est-ce pas un devoir pour tous les bons Français qui se croyaient des droits contre la royauté, de reconnaître qu'ils se sont trompés, et de proclamer hautement que l'auguste descendant de nos rois est, non-seulement l'héritier légitime du trône, mais encore et surtout, l'instrument nécessaire, indispensable au salut de la patrie. Si le pays n'appartient pas au Roi, le Roi appartient au pays.

Ce n'est pas moi qui dis cela, c'est la souveraine logique ; c'est la conclusion forcée, résultant de l'examen impartial des faits qui se sont succédé depuis cent ans avec le concours des plus grands génies.

Et ce roi, qui semble n'avoir été si bien doué que

pour sauver la France, n'est-il pas en droit de s'adresser à la nation qui penche vers la ruine finale et de lui dire : « O peuple de France ! pourquoi persévérer à marcher dans la voie où tu n'as trouvé que d'amères déceptions ? Pourquoi donc ne pas revenir sur tes pas ? Est-ce par crainte d'avouer tacitement tes erreurs et tes fautes ? Eh ! n'avons-nous pas, de part et d'autre, des fautes à réparer ? Moi, celles de l'ancien régime qui a disparu pour toujours ; toi, celles du Libéralisme qui enfanta la Révolution, cause de notre amoindrissement territorial, moral et politique. Rougirais-tu de marcher à côté des hommes qui me sont restés fidèles ? Mais les demeurants de la Légitimité ne forment pas un parti, car, au point de vue du droit monarchique, ils sont aujourd'hui ce qu'ils étaient avant 89, c'est-à-dire la chaîne vivante de nos traditions nationales. Ce qu'ils ont de plus qu'alors, ce sont des âmes retrempées par l'épreuve et par une expérience qui doit nous aider tous dans notre marche ascendante avec le pays régénéré. Que peux-tu craindre encore ? De revenir à la loi de nos pères ? Mais puisqu'il faut toujours accepter une loi quelconque, n'est-il pas plus conforme à la dignité humaine de se soumettre à la vertu d'un principe qu'à la volonté d'un seul et même à la force du nombre, qui n'est encore que la force brutale ? Est-ce ma qualité de Roi qui t'inquiète ? Mais un vrai roi n'est-il pas avant tout un père ? Et ne te souviens-tu pas de la touchante parabole de l'enfant prodigue ? Qu'as-tu à me reprocher ? N'ai-je pas accepté tout progrès véritable ? N'ai-je pas marché avec mon temps ? Relis tout ce que j'ai écrit et réponds-moi. Enfin, ne me suis-je pas, à l'exemple du Roi martyr, déclaré le champion de toutes les réformes justes et praticables ? Et si je te demande de te soumettre à la force du droit, ne t'ai-je pas, le premier, donné l'exemple ? Je me suis soumis moi-même à la loi que tu m'as imposée, car, je puis le dire, tu ne m'as jamais vu tenir le rôle de conspirateur ou de révolté. Oui, je me suis soumis à la loi cruelle de l'exil qui meurtrissait mon âme dans ses sentiments les plus chers et les plus sacrés. Ah! reviens donc, ô bien-aimée patrie, reviens à moi qui seul représente cette force morale dont l'ascendant irrésistible doit nous régénérer tous en rétablissant les principes constitutifs de toute société bien organisée. Viens, et réparons ensemble les désastres causés par un siècle d'erreur, et rendons à notre chère France le rang suprême où les siècles l'avaient placée en la saluant du titre auguste de Fille aînée de l'Église.

Magnus DE LAVURGER

Paris, 6 Décembre 1878.

———

Paris. — Imp. Soussens et Cie, 51 rue de Lille.